Cristóbal Colón

Una guía fascinante sobre la vida de un explorador italiano y sus viajes a las Américas

© Copyright 2021

Todos los derechos reservados. Ninguna parte de este libro puede ser reproducida de ninguna forma sin el permiso escrito del autor. Los revisores pueden citar breves pasajes en las reseñas.

Descargo de responsabilidad: Ninguna parte de esta publicación puede ser reproducida o transmitida de ninguna forma o por ningún medio, mecánico o electrónico, incluyendo fotocopias o grabaciones, o por ningún sistema de almacenamiento y recuperación de información, o transmitida por correo electrónico sin permiso escrito del editor.

Si bien se ha hecho todo lo posible por verificar la información proporcionada en esta publicación, ni el autor ni el editor asumen responsabilidad alguna por los errores, omisiones o interpretaciones contrarias al tema aquí tratado.

Este libro es solo para fines de entretenimiento. Las opiniones expresadas son únicamente las del autor y no deben tomarse como instrucciones u órdenes de expertos. El lector es responsable de sus propias acciones.

La adhesión a todas las leyes y regulaciones aplicables, incluyendo las leyes internacionales, federales, estatales y locales que rigen la concesión de licencias profesionales, las prácticas comerciales, la publicidad y todos los demás aspectos de la realización de negocios en los EE. UU., Canadá, Reino Unido o cualquier otra jurisdicción es responsabilidad exclusiva del comprador o del lector.

Ni el autor ni el editor asumen responsabilidad alguna en nombre del comprador o lector de estos materiales. Cualquier desaire percibido de cualquier individuo u organización es puramente involuntario.

Índice

INTRODUCCIÓN 1
CAPÍTULO 1 - HACIA EL AZUL DESCONOCIDO......................................3
CAPÍTULO 2 – NAVEGACIÓN POR ESTIMA HACIA ADELANTE 10
CAPÍTULO 3 - LA EXPLORACIÓN INICIAL..18
CAPÍTULO 4 - EL SEGUNDO VIAJE...31
CAPÍTULO 5 - TERCER VIAJE: REINA EL CAOS 38
CAPÍTULO 6 - EL ÚLTIMO VIAJE 45
CONCLUSIÓN..52
VEA MÁS LIBROS ESCRITOS POR CAPTIVATING HISTORY 53
BIBLIOGRAFÍA..54

Introducción

Cristóbal Colón fue uno de los exploradores más valientes del mundo. Aceptó el riesgo en una época en la que la cegadora extensión del océano Atlántico asustaba a los europeos.

La cartografía de la época era incorrecta, como aprendió a través de la amarga experiencia. A Colón se le atribuye el descubrimiento de América, pero nunca lo realizó en vida. Su carrera como navegante estuvo salpicada de contratiempos que hicieron tambalear la ignorancia de la época. Aunque no era un científico, Colón inició nuevos campos de estudio y análisis.

En 1492 desembarcó en San Salvador, en las islas Bahamas, y fue el primer europeo que exploró el mar Caribe. Fue el primer europeo que pisó Cuba, Haití y Trinidad, así como los países de América Central. Los viajes de Colón asombraron a toda Europa e iniciaron una auténtica estampida de competidores en busca de las Indias Orientales navegando hacia el oeste.

En estas páginas se descubrirán los aspectos más interesantes de la vida de Cristóbal Colón. Por ejemplo, la mayoría de los relatos sobre Colón han pasado por alto el hecho de que era un publicista y un vendedor de extraordinaria habilidad.

Su vida estuvo plagada de adversidades, como la traición y la difamación. Todavía lo está hoy. Sin embargo, su lealtad no puede ser atacada, y pocos han reconocido este hecho.

La vida de Cristóbal Colón es un retrato fascinante de un hombre cuyo ego era mayor que su sentido común. Su imprudente desenfreno convierte en campeones olímpicos a aficionados temerarios. Es la historia de un hombre dedicado a un objetivo que estaba dispuesto a perseguir o morir en el intento. Y, trágicamente, murió en el intento.

Capítulo 1 - Hacia el azul desconocido

De niño, Cristóbal Colón, o "Cristoforo Columbo", como se escribiría en italiano, trabajaba en el telar de su padre en su tienda de la ciudad portuaria de Génova, en Italia. Fuera de la ventana había muelles y embarcaderos. Las sombras de los grandes veleros, como las carabelas de tres mástiles, le tapaban la luz y atraían su interés. Observaba fascinado cómo los marineros morenos hablaban lenguas extrañas y descargaban cajas de algodón de Egipto, seda de la India y lana cruda del norte de Inglaterra, la versión sucia de lo que Colón utilizaba en la tienda de su padre. De joven, Cristóbal estaba fascinado por el mar. El susurro del aire salado le llamaba, y él respondía.

La importancia del comercio

Los puertos de Italia estaban muy ocupados durante los años del Renacimiento. Se ganaba mucho dinero en las ferias y mercados con la venta de oro, especias, algodón sin hilar y artículos de cuero. Muchos jóvenes de la época empezaron a ayudar en los barcos como grumetes y fueron ascendiendo. En 1470, Colón, de veinte años, consiguió un empleo con René de Anjou, al que llamaban "rey" de Nápoles. Las familias ricas de Italia luchaban amargamente por el control de la tierra en Italia, y la familia de René, la Casa de Anjou, perdió Nápoles a manos de Fernando de Aragón en España. René de Anjou contrató los servicios de Colón durante unos cuatro años en un esfuerzo inútil por recuperar Nápoles. Colón no tenía ningún interés en Nápoles; era un piloto, el nombre profesional de un capitán. Colón era un hombre de mar, no de tierra.

En 1477, navegó hasta Lisboa, en Portugal, y se reunió con su hermano Bartolomé. Colón reclamó esa ciudad marinera como su ciudad natal durante varios años. En Lisboa conoció a Filipa, hija de Bartolomeu Perestrello, gobernador de la isla de Porto Santo, en el archipiélago de Madeira. Se casaron en 1479 o 1480. Él y Filipa tuvieron un hijo, Diego.

El príncipe de Portugal, Enrique, más tarde conocido como "Príncipe Enrique el Navegante", compartía el interés de Colón por la marinería y creó un colegio para marineros. Colón tuvo acceso a las bibliotecas del lugar y estudió las cartas marítimas de la época. Además, estudió los libros de los eruditos humanistas, la geometría y la cartografía. Tanto Bartolomé como Cristóbal Colón llegaron a ser muy hábiles en el dibujo de mapas del mar, y se dice que ambos trabajaron en esta profesión.

Colón navegó por el Mediterráneo, que estaba lleno de piratas. Navegó a Crimea, Túnez, Grecia, Sicilia, España e Inglaterra. En 1481, Colón pilotó una flota de diez carabelas hacia Guinea, en la costa noroeste de África.

Llevaba a bordo al distinguido almirante Azumbago, al que condujo a las islas de Cabo Verde, frente a la costa de Guinea. Allí, el rey africano los recibió y le regalaron halcones y caballos. Era costumbre hacer regalos a los gobernantes de los distintos países y era también una forma eficaz de prevenir las hostilidades.

Para comprar los productos exóticos del Lejano Oriente, los comerciantes tenían que tomar rutas terrestres a caballo o en camello y abrirse camino a través de Asia. Estas rutas pasaban por tierras controladas por los mongoles, que generalmente protegían a quienes viajaban por la "Ruta de la Seda" porque contribuía a su economía.

Sin embargo, tras la caída del Imperio mongol, los turcos otomanos tomaron el relevo. Los turcos no eran tan serviciales y no protegían a los viajeros durante su viaje. Por consiguiente, muchos nunca regresaron.

Para evitar ser atacados por los merodeadores, los europeos deseaban encontrar una ruta alternativa a China e India cruzando el océano Atlántico. La mayoría de la gente culta de la Era de los Descubrimientos se había dado cuenta de que el Atlántico no estaba infestado de monstruos marinos, y muchos consideraron la posibilidad de intentar el viaje. Los elementos de peligro seguían acechando, pero el objetivo de la riqueza les abría el apetito de explorar.

Portugal fue muy activo en el establecimiento de rutas marítimas, especialmente en el Atlántico Sur. Durante muchos años, crearon colonias en el Atlántico Sur y exploraron la costa occidental de África. Cuando los rendimientos de África no cumplieron sus expectativas, los portugueses anhelaron las riquezas de la India. En 1488, Bartolomé Díaz demostró que se podía llegar a la India navegando alrededor de África. Sin embargo, era un viaje poco práctico y peligroso. Los cartógrafos de la época no habían previsto la existencia de otro continente, por lo que imaginaron un viaje por el Atlántico como una posibilidad lógica.

Colón vivía y trabajaba para unos mercaderes en Portugal cuando las discusiones sobre la viabilidad de un viaje al oeste de las Indias eran el tema del momento. Colón, un hombre de origen humilde, aprovechó la oportunidad para ir más allá de su estatus social y ganar riqueza y fama. Sin embargo, Cristóbal Colón era también un hombre lleno de curiosidad sin límites. Hacía preguntas y se sentía insatisfecho hasta que encontraba las respuestas.

Por eso, él y su hermano Bartolomé decidieron dirigirse al rey y a la reina de Portugal para financiar un viaje.

La propuesta portuguesa

Colón era un excelente comerciante que no dejaba de presumir de sus numerosos viajes por Europa y de su pericia como navegante. Muchos hombres influyentes le conocían. En una ocasión, hizo creer a muchos que había explorado Islandia, que en aquella época se llamaba "Thule". Contaba que él y su tripulación habían llegado justo después de que se derritiera el hielo. Los investigadores dudan ahora de que esta historia sea cierta, pero, como saben los publicistas, la exageración a menudo cierra la venta.

Colón no era un matemático o científico consumado. Gran parte de sus conocimientos procedían de la lectura de los *Viajes de Marco Polo*, que viajaba por tierra, no por mar. También consultó a algunos de los hombres cultos de la época en Lisboa, como Regiomontanus, un astrónomo alemán. Incluso el profeta bíblico Esdras (Ezra) predijo que el agua solo cubría una séptima parte de la superficie terrestre. Dado que la Tierra se percibía entonces como una esfera mucho más pequeña, un viaje a través del océano Atlántico en barcos de vela de madera parecía bastante factible para los ambiciosos. Por ello, Colón pensó que podía convencer al rey Juan II de Portugal para que financiara un viaje a las Indias (India), ese país fantasioso del que provendrían las riquezas.

Mientras Colón estaba en Portugal, su esposa, Filipa, murió. Los historiadores sitúan su muerte en torno a 1484.

Ese mismo año, Colón obtuvo una audiencia con el rey Juan II. El rey estaba interesado, pero remitió la propuesta de Colón a Martin Behaim —una autoridad en navegación científica— junto con los propios consejeros del rey, "José el Judío" y Diogo Ortiz de Villegas, un obispo. Sin embargo, utilizando el astrolabio, un instrumento destinado a la navegación, Behaim y los demás determinaron que ese viaje no tendría éxito.

A continuación, Colón decidió dirigirse a España. Bartolomé estaba retrasado en Inglaterra, así que le tocó a Cristóbal hacer una propuesta al rey Fernando II y a la reina Isabel.

La propuesta española

En 1492, el rey Fernando tuvo que acudir al frente para reprimir a los musulmanes, quienes estaban invadiendo el sur de España. La reina Isabel se quedó en Córdoba para organizar los envíos de suministros para los soldados. Mientras esperaba para reunirse con los monarcas, Colón conoció a una encantadora mujer llamada Beatriz Enríquez de Arana. Aunque mantuvieron una relación íntima, Colón nunca se casó con ella. Él y Beatriz tuvieron un hijo en 1488, al que llamaron Fernando. Para asegurarse de que el niño no fuera desheredado, Colón reclamó la paternidad.

Mientras la reina seguía atendiendo los asuntos militares, se le informó de la propuesta de Colón y se interesó por ella. La corte real se trasladó entonces a una ciudad tras otra, y Colón fue invitado a seguirla. El tiempo pasó, pero Colón siguió promoviendo su viaje entre las élites influyentes.

En 1487, un navegante portugués llamado Bartolomé Días recibió el encargo de Portugal de establecer una ruta marítima hacia la India. Él y sus tres carabelas partieron de Lisboa, navegaron alrededor del cabo de Buena Esperanza, en la punta de África, y luego giraron hacia el norte. Sin embargo, la tripulación se negó a continuar debido a las fuertes tormentas, y Días se vio obligado a dar la vuelta.

Aunque Días no llegó a las Indias ni a Catay (China), fue celebrado en la corte portuguesa. La noticia del viaje de Días llegó a la reina Isabel, y esta se preocupó de que Portugal fuera el primer país europeo en llegar a la India por mar (durante años, España y Portugal habían competido por las riquezas de la India). Entonces la reina recordó la propuesta de Colón. Sin embargo, aconsejada por su confesor para que no la aceptara, en un principio decidió no hacerlo. Las personas religiosas de renombre solían tener su propio sacerdote o "confesor" preferido con el que se comunicaban en privado. Su marido, el rey Fernando, también se mostró ambivalente, ya que sería costoso.

A continuación, Colón se planteó llevar la propuesta a Francia. Se llevó a su hijo mayor, Diego, y viajó a pie por España hacia el sur de Francia. En la ciudad portuaria de Palos, en España, se detuvieron en un antiguo convento, el de la Rábida, para pedir comida y alojamiento. En ese momento, lo utilizaba una orden de hermanos franciscanos. Allí conoció al prior Juan Pérez, quien estaba fascinado por la propuesta de Colón y consideraba que sería una pérdida para España si el plan se adjudicaba a Francia. Pérez pidió a Colón que se quedara allí mientras contactaba con el doctor García Hernández, experto en cosmografía y astronomía, para promover su propuesta. Los dos creyeron que el plan era realmente factible e indicaron que se reunirían de nuevo con la reina en su nombre.

En 1492, Colón recibió la noticia de la propia reina Isabel de que debía regresar. El último rey moro acababa de rendirse en Granada, por lo que el rey y la reina estaban de buen humor. La pareja real recibió argumentos a favor del viaje de Cristóbal Colón, reforzados por el apoyo del cardenal Pierre d'Ailly, que tenía fama de ser un hombre sabio y culto.

Los reyes aceptaron entonces la propuesta de Colón. Su hijo Diego fue aceptado en la corte como paje del hijo de la reina, el príncipe Juan. La amiga de Cristóbal, Beatriz, viajó desde Italia para cuidar de Fernando y se encargó de que el niño fuera a la escuela.

Las audaces exigencias de Colón

Colón era un hombre sabio. Sabía que, si tenía éxito, podría ser olvidado en el entusiasmo y terminar su vida en la pobreza. Para asegurarse de que eso no ocurriera, presentó algunas demandas extravagantes a los soberanos, pensando que algunas, si no todas, podrían ser aceptadas.

En primer lugar, Colón insistió en ser nombrado "Almirante del Mar Océano" y "Alto Almirante de Castilla". También quería una décima parte de los beneficios de sus futuros descubrimientos. La pareja real, aún inmersa en su éxito con los moros, aceptó.

Sin embargo, debido a la campaña contra los moros, España no tenía mucho capital con el que financiar a Colón. Su patrocinador inicial, el duque de Medina, aportó algo de dinero para el viaje. En cuanto a las naves, la ciudad de Palos estaba obligada a proporcionar a la Corona naves debido a una ofensa pasada, y estas naves se pondrían a disposición de Colón por decreto real. El rey y la reina también dieron permiso a Colón para reclutar a los marineros para tripular los barcos. Sus tres primeros hombres fueron hermanos de la conocida familia Pinzón. Martín Alonso Pinzón, Francisco Pinzón y Vicente Yáñez Pinzón eran pilotos y estaban muy interesados en obtener beneficios acompañando a Colón. La nave más grande, la *Santa María*, iba a ser pilotada por Colón. La *Niña*, llamada así por Juan Niño de Moguer, era pilotada por Vincenti Pinzón, y la *Pinta* era comandada por el hermano de ambos, Martín, con Francisco como primer oficial.

Cuando los hombres estaban equipando las carabelas, descubrieron que la *Pinta* había permanecido demasiado tiempo en dique seco y necesitaba ser calafateada de nuevo. También faltaba material del barco, posiblemente robado, y había que reponerlo. Como personal, Colón se llevó dos barberos, un médico, un secretario, un platero, un ensayador y un intérprete. Lo más probable es que Colón contara con una brújula de piedra natural y una carta de navegación de 1490, que no incluía el entonces desconocido océano Pacífico. Sin embargo, el mapa habría mostrado Cipango (Japón).

El 3 de agosto de 1492, Colón partió y se adentró en el misterioso Atlántico. Como describió el escritor árabe medieval Xerif al Edrisi: «El océano rodea los últimos límites del mundo habitado y todo lo que hay más allá es desconocido».

Capítulo 2 – Navegación por estima hacia adelante

Al mirar desde la cubierta de madera de un barco de vela en el siglo XV, uno no encontraría puntos físicos de referencia. El método tradicional para determinar la posición de uno en el mar se llamaba "navegación por estima". La posición de un barco se determinaba mediante tres variables: punto de origen, velocidad y tiempo. Colón era un experto en cálculo a ojo. En el camino hacia el oeste, Colón tenía los vientos alisios a su espalda. Los expertos de la época coincidían en que, con buen viento, una embarcación podía hacer una media de entre cuatro y medio y seis nudos. En los días en que había poco viento, los marineros suponían que podían viajar de uno a tres nudos. La única referencia que tenía Colón para la hora era un reloj de arena. Por la noche, utilizaba la estrella polar, Polaris, como punto estable desde el que medir la distancia. Para delinear la distancia angular desde Polaris, Colón utilizó el astrolabio, inventado en Grecia.

Nadie sabe qué mapas y figuras proyectadas utilizó Colón como referencia para su viaje. La mayoría de los historiadores coinciden en que probablemente utilizó varias fuentes, como la estimación de Ptolomeo del año 140 de la era cristiana, la del geógrafo persa Ahmad al-Farghani, que vivió entre el 798 y el 861 de la era cristiana, y un mapa creado por Marino de Tiro, un fenicio que vivió en Grecia entre el 70 y el 130 de la era cristiana. Colón utilizó la circunferencia de la Tierra como base para predecir la anchura del océano Atlántico. En su interpretación de la cifra de al-Farghani sobre la circunferencia terrestre, Colón calculó mal la distancia que necesitaba recorrer al utilizar la milla romana como base en lugar de la milla árabe utilizada por el geógrafo. Por lo tanto, supuso erróneamente que la circunferencia de la tierra era de 16.305 millas náuticas en lugar de 24.000 millas, lo cual era mucho más exacto. También calculó mal la longitud y latitud de Cipango (Japón). Las estimaciones de Colón se basaban en su mayoría en suposiciones erróneas, pero también lo eran las demás creencias imperantes en su época.

Primera parada

El 6 de agosto de 1492 se oyó un grito desde la *Pinta*. El barco parecía zozobrar cerca de la isla de Lanzarote, al noreste de las islas Canarias. Desde la ventosa orilla, el capitán, Martín Pinzón, gritó al almirante Colón que el timón estaba roto y que el barco hacía agua. El rumor era que el barco había sido saboteado por sus propietarios, Cristóbal Quintero y Gomes Rascón, resentidos por haber sido obligados a ceder sus barcos para uso real.

Pinzón era un hombre ingenioso y con muchos recursos, así que él y sus hombres prepararon un sustituto y llevaron la *Pinta* a la isla de Gran Canaria. Colón, que estaba a bordo de la *Pinta*, intentó conseguir otro barco, pero no había ninguno disponible. Al darse cuenta de que tenía que utilizar la *Pinta*, compró un nuevo timón y sus hombres lo colocaron. Mientras tanto, la *Niña* y la *Santa María* navegaron hasta la cercana isla Gomero para esperar a que se completara la reparación.

Mientras estaban atracados, Colón vio que el volcán de la isla de Tenerife arrojaba humo y fuego. La erupción era inminente y ya había pasado un mes, así que no quisieron demorarse más. Apresuradamente, cargaron agua, carne, madera y provisiones auxiliares. Los días fueron muy tranquilos, la calma tortuosa que suele preceder a la tormenta. El 6 de septiembre de 1492, partieron rápidamente de Gomero.

En plena noche del 8 de septiembre, grandes olas saltaron sobre la proa como lenguas gigantes. Los barcos se desviaron hacia el noreste debido al viento, y Colón no paraba de despotricar contra sus hombres para que virasen las velas y pudiesen orientarse hacia el oeste. De lo contrario, acabarían en el Atlántico Norte.

Engaños

Los cuadernos de bitácora originales de Colón se perdieron para la historia, pero en 1493 se hizo una copia llamada "Copia de Barcelona". Bartolomé de las Casas, un historiador dominicano, recibió esta copia y la utilizó en su propia historia de Colón, que escribió en 1530. De la Casas informó de que Colón percibió el miedo y la inquietud de sus hombres, y dijo que Colón guardaba dos conjuntos de cifras de distancia en sus cuadernos, con uno que subestimaba deliberadamente las distancias reales recorridas por día para ayudar a tranquilizar a los marineros una vez que perdían de vista la tierra. El primer día en que el cielo y el agua azules fueron todo lo que pudieron ver a su alrededor, Colón registró que muchos derramaron lágrimas. El 10 de septiembre, les dijo que solo habían recorrido dos leguas y media cuando, en realidad, habían navegado cuarenta y ocho leguas. Colón hizo esto durante todo el viaje, pero tomó notas precisas en otros lugares para la historia.

Sus hombres también se alarmaron cuando observaron que el norte de la brújula no estaba perfectamente alineado con la estrella polar. Les explicó lo que los astrónomos y los marineros sabían desde hace años: la estrella polar no está situada exactamente en el norte magnético, como se indica en la brújula. Debido a la inclinación de la Tierra sobre su eje, se encuentra a un lado o a otro, según el mes y la época del año. Este fenómeno se llama precesión. Los marineros del siglo XV no lo entendían del todo, pero lo conocían, así que Colón dijo a sus hombres que esperaran una "ligera variación".

Indicios de flora y fauna

Los hombres se entusiasmaron cuando, el 14 de septiembre, avistaron un charrán y un rabijunco. Los charranes suelen volar a no más de ochenta y seis millas de la costa y son conocidos por acompañar a los barcos en sus largos viajes en ferry a través de las bahías, con la esperanza de que los pasajeros les lancen alguna golosina. El rabijunco es un ave tropical, y lo más probable es que proceda de las islas de Cabo Verde, frente a la costa occidental de África.

Los marineros también informaron con entusiasmo de haber visto matas de hierba el 16 de septiembre. Algunos pensaron que esto significaba que estaban cerca de tierra firme, pero Colón les explicó pacientemente que la hierba procedía sin duda de alguna isla inexplorada.

El 17 de septiembre, pescaron un pez en la cubierta de la *Santa María*. Además, vieron hierbas flotando en el agua. El almirante dijo que venía del oeste «en cuya dirección, confío en ese alto Dios en cuyas manos están todas las victorias, divisaremos tierra». Los días 20 y 21 del mes, varios pájaros bobos (probablemente alcatraces, que vuelan por el Atlántico Sur) se posaron en la *Pinta*, donde descansaron durante un tiempo.

El miedo se instala

Los marineros, incluido Colón, nunca habían estado en el mar durante casi un mes sin divisar tierra. El mar estaba inquietantemente en calma a finales de septiembre, por lo que tuvieron que virar continuamente las velas para intentar coger el poco viento que había. El mar se levantaba en grandes marejadas como nunca habían visto, y era desconcertante tratar de guiar los barcos para que no volcaran al tomar las olas de frente. Habían avanzado menos de lo que Colón había previsto y, dados los errores de cálculo con los que había empezado, comenzaba a preocuparse. Sin embargo, sabía que no podía mostrar esta actitud a los marineros.

La tripulación se inquietó y empezó a quejarse en ese momento, pensando que debían dar la vuelta y regresar a España. Afortunadamente, los vientos volvieron a arreciar y avanzaron hacia el oeste a mayor velocidad. Colón se sintió aliviado cuando supo que habían retomado los vientos alisios. Martín Pinzón y Colón intercambiaron cartas de navegación y determinaron que ahora estaban a 2.200 millas al oeste de las islas Canarias. El propio Colón quedó asombrado, ya que solo había calculado que el viaje completo sería de unas 1.700 millas.

La llegada de los correlimos y los dorados

El 25 de septiembre, la tripulación vio numerosos correlimos, aves costeras que entran y salen del oleaje arrebatando crías de cangrejos, caracoles de mar y peces diminutos. Finalmente, Colón escuchó la llamada que había esperado con tanto fervor: "¡Tierra a la vista!". Martín Alonzo subió a la popa y creyó verla también en el lejano horizonte. Uno a uno, otros marineros se apresuraron a subir a los mástiles para mirar.

Varios dorados pasaron nadando, y los hombres capturaron algunos de ellos para comer. Los dorados, también conocidos como peces delfín o mahi-mahi, son nativos de las islas del Caribe. Los marineros se alegraron y muchos se bañaron en el mar.

Sin embargo, la decepción no tardó en llegar. Cuando las tres embarcaciones navegaron hacia el oeste, derivando un poco hacia el suroeste, se determinó que los marineros habían confundido un gran banco de nubes con tierra en la distancia.

El 1ro de octubre, Colón siguió subestimando deliberadamente la distancia recorrida para no asustar a los marineros. Les dijo que habían recorrido unas 2.000 millas náuticas, pero en realidad habían llegado a 2.404 millas náuticas.

Cabe destacar que se desvió hacia el sur porque los vientos habían cambiado. Estaba claro que había muchas islas en las cercanías, ya que los marineros notaron no solo la presencia de correlimos, sino también de peces voladores. Los peces voladores nadan cerca de la línea de flotación de los barcos y saltan fuera del agua para atrapar a los peces más pequeños agitados por la velocidad del buque. Los hermanos Pinzón esperaban toparse con las islas de Cipango (Japón), y se quejaron cuando no se divisó Cipango. Los marineros también murmuraban, pero las discusiones se aceleraron hasta convertirse en discusiones.

Para el 6 de octubre, las dudas de Martín Alonso fomentaron las conversaciones sobre un motín. Alonso estaba especialmente agitado porque creía que se habían pasado de largo Japón. Intentó entonces que Colón girara hacia el sur, ya que pensaba que así tendrían más posibilidades de desembarcar en Catay (China) y continuar por la costa más al sur y al suroeste para llegar a las Indias. Sin embargo, Colón insistió en que navegaran hacia el oeste. Si no lo hubiera hecho, habrían acabado en el Atlántico Sur.

¡Sigan a los pájaros!

Los portugueses, que eran conocidos como los marineros más hábiles del mundo, tienen una historia de encontrar tierra siguiendo bandadas de pájaros. El 7 de octubre, la tripulación de la *Pinta* informó de que había avistado enormes bandadas de pájaros volando hacia el oeste/suroeste. Colón hizo cambiar inmediatamente el rumbo de los barcos en esa dirección. También observó que las hierbas que flotaban en el mar eran frescas y verdes, lo que significaba que la tierra estaba cerca. Además, los hombres vieron charranes, piqueros e incluso patos. Los pájaros nocturnos entonaban sus melodiosos cantos, y era bien sabido que esas aves solo cantan cuando se posan en una superficie sólida, como la rama de un árbol. La esperanza era grande entre los hombres.

De repente, su optimismo se vio aplastado cuando el mar volvió a quedarse vacío, sin ninguna señal de vida terrestre. Volvieron a murmurar y a quejarse en voz alta. Colón trató de calmarlos con promesas de riqueza y joyas más allá de lo que imaginaban. Ya lo había hecho demasiadas veces. Esta vez, no funcionó. El 10 de octubre estallaron estridentes discusiones y la tripulación se planteó seriamente tirar a Colón por la borda. El historiador contemporáneo, Peter Martyr, comentó: «Después del trigésimo día, despertados por la locura, declararon que regresaban».

El 11 de octubre, los hombres de la *Pinta* gritaron que veían un bastón y un objeto de hierro flotando en el mar. Luego, los hombres de cubierta vieron una planta terrestre con bayas, flotando junto con una pequeña tabla. Era de noche y los marineros empezaron a despertarse. Colón estaba en el alcázar y vio una luz demasiado pequeña para ser identificada. Rodrigo de Triana, uno de los marineros, dijo entonces que había visto una luz, y Colón llamó a Pedro Gutiérrez, un «caballero de la alcoba del rey». Colón pensó que era la luz parpadeante de una vela. A las dos de la madrugada del 12 de octubre de 1492, un marinero llamado Rodrigo de Triana subió al mástil en la oscuridad de la noche, miró el mar hacia el oeste y gritó: «¡Tierra a la vista!». A quien viera tierra primero se le prometía un jubón de seda y 10.000 maravedíes anuales, que vendrían a ser unos 600 dólares al año.

¡Tierra a la vista!

A la mañana siguiente, tocaron tierra. Los marineros se reunieron en sus respectivas cubiertas y cantaron el himno de la iglesia "Salve Regina". A continuación, Colón hizo izar dos banderas en cada barco. Una bandera tenía una corona y una "F" por el rey Fernando, y la otra tenía una corona y una "Y" por "Ysabel", es decir, la reina Isabel. Colón reclamó entonces la tierra en nombre de los reyes y plantó una cruz.

La tierra era una isla llamada "Las Casas" en el archipiélago de las Lucayas, del que forman parte las Bahamas. Algunos historiadores indican que era la isla de Watling, una isla de las Bahamas. Esta isla fue bautizada posteriormente como isla de San Salvador en honor al lugar de desembarco de Colón.

Capítulo 3 - La exploración inicial

Colón y su tripulación creían que este lugar era las Indias. Por eso se sorprendieron un poco cuando se encontraron con los indígenas de este lugar. En palabras de Colón: «parecen una raza de gente muy pobre en todo. Van tan desnudos como cuando sus madres los parieron». La población indígena llamaba a este lugar "Guanahani", y Colón les llamó "indios" porque pensaba que había llegado a la India.

Colón describió además a los nativos, que hoy identificamos como miembros de las tribus taínas, lucayas y arawak, como personas fuertes y guapas que tenían la piel morena y el pelo corto y áspero, con algunos mechones más largos atados en la espalda. Algunos se pintaban de colores —rojo, negro o blanco— y otros llevaban narigueras de oro. Los marineros les obsequiaron con cuentas de cristal, gorras rojas y baratijas. Los nativos les llevaban loros, madejas de algodón, dardos, jabalinas y otros objetos.

Al día siguiente, los habitantes de la isla se acercaron a los barcos en largas y esbeltas embarcaciones hechas con troncos de árboles. Cada canoa grande podía transportar a cuarenta o más hombres, y también había canoas más pequeñas. Subieron emocionados al barco de Colón y admiraron los objetos que veían a bordo.

Los investigadores descubrieron más tarde que las canoas de un solo tronco se fabricaban probablemente con el árbol de la ceiba, originario de México y Sudamérica. La ceiba puede crecer hasta 230 pies de altura.

La búsqueda de oro

Tras escuchar historias sobre el oro y las joyas que los europeos habían adquirido en las Indias, Colón y sus hombres señalaron las joyas de la gente e hicieron gestos para indicar que querían saber dónde había más oro. Con la ayuda de un traductor, los marinos averiguaron algunos elementos de la lengua de los nativos y determinaron que habían sugerido ir al sur y al suroeste, pero no al noroeste. Los nativos les dijeron que los habitantes de las islas del noroeste eran hostiles.

Colón decidió partir en esa dirección al día siguiente. Antes de hacerlo, capturó a algunos de sus huéspedes y los llevó a bordo para que le guiaran hasta la fuente del oro. Colón atracó cerca de la isla que le indicaron, que era muy boscosa y fértil. Envió entonces a unos cuantos marineros a explorarla, y estos informaron de que había un gran lago en el centro de la isla. No vieron depósitos de oro ni polvo de oro en los arroyos.

Los habitantes de la nueva isla eran amables y muy parecidos a los nativos que Colón había encontrado en su primera parada. También ofrecieron a Colón y a los hombres baratijas como las que les habían dado en la isla anterior. Colón visitó varias islas más y recibió fruta y algunas verduras no identificadas. Una vez más, las canoas se acercaron a los barcos europeos. Al ver que tenía una oportunidad de escapar, uno de los nativos que habían sido retenidos a la fuerza por Colón saltó al mar, subió a una canoa y navegó rápidamente hasta la orilla. Otros saltaron y nadaron como peces hasta la orilla. Colón informó de que «todos huyeron como gallinas» al bosque. Para enmendar el hecho de haber agarrado a los nativos antes, Colón preparó algo de comida y dejó baratijas en la playa para ellos.

En una de las islas que avistaron, los marineros se asombraron cuando la gente se arrodilló y gritó saludos desde la orilla. Colón siguió explorando las numerosas islas que encontró, pero no atracó en todas ellas.

Había una isla más grande en el archipiélago, y Colón atracó allí. Llamó a la isla "Santa María de la Concepción". Cuando preguntó a los indígenas por el oro, la gente le dijo a Colón que había algunas tribus que no solo llevaban pendientes, sino que también tenían gruesos brazaletes de oro. Uno de los hombres pidió que Colón le llevara a otra isla, pero no era la isla donde se decía que se encontraba el oro. El hombre le guio hasta allí, y Colón la llamó isla Fernandina en honor al rey.

Los marineros exploraron más a fondo la isla Fernandina, ya que era más grande. Colón quedó impresionado por el exuberante follaje de los numerosos árboles y plantas. También se fijó en los peces de colores brillantes que había en los bajíos. Los nativos le indicaron entonces que había otra isla que tenía oro. Colón descubrió que la gente que vivía allí era algo más civilizada. No estaban desnudos, sino que llevaban algo de ropa. Volvió a preguntar por el oro y varios se ofrecieron a llevarle a otra isla más al sureste. Los nativos la llamaban "Samoet", pero Colón la rebautizó "Isabela" en honor a la reina. Corresponde a la isla de la Fortuna en las Bahamas.

Pueblos

En estas islas había pequeñas aldeas. Estaban bien construidas y tenían altas chimeneas. Las casas, a las que llamaban bohíos, tenían un mobiliario escaso, casi siempre de red, y sus camas eran como hamacas. Las islas eran ricas y fértiles. Como los europeos se maravillaban de las especias de las Indias, Colón escribió en su diario: «Creo que hay en ellas muchas hierbas y muchos árboles que son de gran valor en España para tintes y para medicinas de especias».

A medida que los exploradores iban a varias islas, recogían muestras. Colón también mató una gran serpiente y la despellejó, llevándose la piel de serpiente a bordo como regalo para la reina. Los lugareños se mostraron amistosos y fueron al interior de las islas para conseguir agua fresca para los marineros.

Al hablar con la gente, Colón oyó hablar de una isla más grande y partió de nuevo en busca de oro. Los nativos con los que se habían encontrado hasta entonces tenían pequeños trozos como adorno, pero Colón comentó que eran «pobres en oro». En una carta para los reyes de España, Colón prometió que, en muchas de las islas, «había oro y especias».

Cuba

Basándose en los mapas del siglo XV, que no daban cuenta de todo el continente americano, Colón pensó que la gran isla hacia la que se dirigía era Cipango (Japón). Llegó a esta isla, que en realidad era Cuba, el 28 de octubre. Los pescadores que encontraron eran tímidos y huyeron a su llegada. Describió las palmeras y las montañas que veía a lo lejos. «Esta isla —escribió— es la más hermosa que han visto los ojos, llena de buenos puertos y ríos profundos, y el mar parece como si nunca se hubiera levantado». Navegó por la costa noreste de Cuba. Sabiendo que Colón estaba interesado en el oro, al que llamaban mucay, la gente seguía prometiendo que encontraría oro en otra isla.

Uno de los guías de la isla le dijo a Colón que los habitantes de la siguiente isla batían el oro en bloques como lingotes. Habló de un rey rico que se encontraba a cuatro días de viaje desde allí, y Colón planeó reunirse con él.

El 6 de noviembre, atracaron en una bahía y localizaron un gran pueblo. La gente los saludó, se arrodilló a sus pies y los besó. Colón y sus marineros fueron acompañados a una gran casa y el pueblo les preparó una gran comida. También fumaron una hierba en cigarrillos hechos con hojas enrolladas. Parece que no era tabaco, porque adormecía a la gente y actuaban como si estuvieran borrachos. La gente tenía pequeñas granjas en las que cultivaban judías, ñame y maíz. En otros campos cultivaban algodón, que se utilizaba sobre todo para fabricar redes de pesca y ropa. Colón preguntó por la pimienta, ya que era una especia muy apreciada en las Indias. La gente le trajo lo que se llama *ají* (chile).

Sin permiso, Martín Alonso Pinzón abandonó la *Santa María* y la *Niña* y tomó la *Pinta* hacia el noreste en busca de oro. Los nativos le habían dicho a Pinzón que una isla llamada "Babeque" o "Beneque" contenía oro. Exploró la isla y otras pequeñas islas, pero no encontró oro.

La Española

Colón desembarcó en otra isla el 5 de diciembre de 1492 y la llamó "La Española". Esta isla es la actual Haití y la República Dominicana.

Los habitantes —los indios taínos y las tribus arawak— les dieron una calurosa bienvenida. Colón escribió en su cuaderno de bitácora que estas gentes eran amables y podían convertirse al cristianismo, ya que este era uno de los objetivos que la España católica consideraba esenciales en la colonización.

Las islas eran ricas en cangrejos y mariscos. Describió un cangrejo como enorme y lo hizo salar para conservarlo en el viaje de vuelta. También había ostras, y los hombres abrieron muchas de ellas en busca de perlas para llevarlas a los soberanos españoles. Ninguna tenía perlas.

Más al interior, había robles altos y robustos, que los hombres cortaron para utilizarlos como mástiles, ya que el de la *Niña* estaba muy desgastado y golpeado por el viento. Colón entró y salió de los numerosos cabos que vio allí. La mayoría de los habitantes de estas zonas huyeron cuando los hombres desembarcaron. Algunas de las islas tenían ríos, que exploraron. Había arboledas junto a muchas de las brillantes playas, y en el interior había enormes pinos. Teniendo en cuenta el tamaño de La Española, Colón sabía que no tendría tiempo de explorarla toda, pero escribió en su diario que no dudaba de que había muchas piedras preciosas que podían extraerse. Colón secuestró a varios indígenas de La Española y de algunas de las islas menores para llevarlos a España.

Algunos de los españoles que habían acompañado a Colón se establecieron en un pueblo al que Colón llamó "La Isabela". Se rumoreaba que allí se podía encontrar oro, pero también era una zona fértil apta para la agricultura.

Colón recorrió la costa occidental de La Española, atracando aquí y allá para explorar diferentes zonas de la isla. Los taínos siempre se aseguraban de indicar dónde se podía encontrar oro, ya que eso parecía agradar a Colón. Había muchos pueblos en las costas de la isla, cada uno con su propio jefe. La gente hablaba a menudo de una tribu que aparentemente vivía al noreste de la isla, llamada "caribes". Esa gente, indicaban los nativos, era extremadamente hostil. Los indígenas a bordo del barco rogaron a Colón que los protegiera de los caribes.

Los caribes pueden haber sido caníbales. Los caníbales creían que, si consumían la carne de sus enemigos, obtendrían la fuerza de estos. Los etnólogos indican que los caribes poblaban algunas de las islas situadas al este de La Española.

Naufragio de la *Santa María*

En la víspera del día de Navidad, Colón se retiró a su camarote. Uno de sus marineros llevó la *Santa María* hacia la orilla, mientras que la *Niña* se detuvo cerca. El mar estaba tan quieto como el cristal. Sin embargo, sin que Colón lo supiera, el marinero cedió el timón de la *Santa María* a un grumete, lo que iba en contra de la política de Colón. Cuando la marea cambió, el barco se deslizó de repente hacia un banco de arena y empezó a escorarse hacia la izquierda. Cuando se dio cuenta de lo ocurrido, Colón salió corriendo de su camarote, junto con el capitán del barco. Los demás hombres corrieron hacia la cubierta y algunos subieron a la *Niña* presas del pánico. Cuando subió la marea, el agua subió rápidamente alrededor de la *Santa María*, pero el barco seguía atascado en el banco de arena. Colón ordenó a la tripulación que aligerara el barco cortando los mástiles, con la esperanza de que se destrancara. No fue así. Los maderos del casco se partieron y la *Santa María* se inclinó a sotavento y se hundió en el mar. Los hombres trataron de recoger los bienes y materiales que pudieron salvar del naufragio.

A continuación, Colón subió él mismo a la *Niña* para que sus hombres pasaran allí la noche. Los nativos de la aldea cercana se reunieron en sus canoas y su cacique se apresuró a llevar a los hombres a la aldea. El rey, que se llamaba Guacanagarí, era muy compasivo. Ordenó a su gente que ayudara a recoger los bienes que pudieran del barco y los llevara a Colón para que los custodiara. De él, Colón dijo: «Tan honrados [son], sin ninguna codicia por los bienes ajenos, y así, sobre todo, él era un rey virtuoso». Guacanagarí ofreció entonces a Colón comida y refugio, asegurándole al mismo tiempo que él y sus hombres estarían bien atendidos en su pueblo.

Después, el oro

Al día siguiente, algunos nativos llevaron a Colón piezas de oro, que cambiaron por campanillas de halcón. Se trataba de pequeñas campanas redondas de bronce, como las que se ven colgadas de una cuerda de cáñamo en Navidad. Guacanagarí le dijo a Colón que viajara con algunos de los aldeanos, quienes le mostraron una primitiva mina de oro que había allí. Los propios nativos acordaron recoger todo el oro que pudieran encontrar, y Colón podría llevárselo a España.

Colón cenó con Guacanagarí a bordo de la *Niña*, y el rey quedó impresionado con la carabela. Además, Colón hizo una demostración de algunas de sus armas, incluyendo arcos y flechas. Luego disparó uno de sus cañones. Todos los nativos se sorprendieron por el fuerte ruido y cayeron al suelo, asombrados por su potencia. El pueblo volvió a mencionar a sus enemigos, los caribes, y pidió a Colón que les protegiera de un posible ataque. El rey premió a Colón con una máscara ornamentada que tenía ojos de oro y adornos dorados.

Colón construyó una fortaleza en la isla canibalizando partes de la *Santa María*. Llamó al puerto donde se encontraba La Navidad. Allí dejó a veintiún de sus propios hombres, junto con provisiones, y les encargó la creación de un asentamiento. También dejó un pequeño rebaño de ganado de la bodega de carga para que se reprodujera y proporcionara carne y leche. Luego dio instrucciones a sus hombres para que ampliaran la mina de oro y se despidió de ellos. Colón pensaba volver al año siguiente, con la esperanza de ver un almacén de oro y bienes.

La llegada de la *Pinta*

Colón siguió entonces la costa norte de La Española, y el 6 de enero de 1493 divisó la *Pinta* que se acercaba por el noroeste. Su conversación con su desobediente colega, Martín Alonso Pinzón, fue breve, ya que no quería mostrar ningún enfado delante de los nativos. Pinzón entregó entonces a Colón parte del oro por el que había cambiado baratijas. En cuanto a tamaño y calidad, las piezas eran como las que Colón y sus hombres habían obtenido. Martín informó a Colón de que algunos de los nativos decían que había aún dos islas más al este con oro.

Partida

El 10 de enero, Colón subió a bordo de la *Niña*, y zarparon, dirigiéndose al noreste para cruzar el Atlántico. Se detuvieron en una pequeña isla, donde fueron recibidos con una mezcla de sensaciones: los nativos eran cautelosamente amistosos, pero estaban armados con arcos y flechas. Los hombres hicieron su habitual intercambio de baratijas. Entonces, de repente, un grupo de nativos desnudos salió de detrás de unos árboles y se abalanzó sobre Colón y sus hombres. Los españoles sacaron sus espadas y se defendieron. Un nativo fue acuchillado en las nalgas, otro en el pecho. Quizá fueran los caribes de los que les habían advertido los isleños.

No fue una lucha encarnizada, pero Colón se preocupó por los hombres que había dejado en la fortaleza de La Navidad. Visitó otra isla, donde observó que los hombres tenían armas algo más avanzadas. Sin embargo, los nativos fueron amables y les dieron de comer.

A continuación, zarparon hacia el este/nordeste, hacia el gran Atlántico, donde solo se encontraba el azul en el horizonte. Trazaron un rumbo hacia las Azores, frente a la costa occidental de Portugal. El 7 de febrero, Colón calculó que estaba a unas 220 millas al oeste de las Azores.

El 10 de febrero, se encontraron en dirección a la costa occidental africana y giraron hacia el norte. El 12 de febrero, los mares eran turbulentos, y al día siguiente los azotó una gran tormenta. Como el oleaje se elevaba muchos metros en el aire, los hombres tuvieron que esforzarse para asegurar que la vela mayor estuviera "con la brisa cerrada", o sea, doblada en su mayor parte para que pudiera atrapar el viento. Los días 13 y 14, la tripulación informó de que tenían que "correr antes que el viento", lo que significa que los vientos los impulsaban hacia adelante. Podían desviarse fácilmente del rumbo, y el timón por sí solo no podía compensarlo. La *Pinta* se separó de la *Niña*, y los dos barcos se perdieron de vista a pesar de las linternas que colgaban en sus ventanas. La tripulación rezó y se comprometió a peregrinar en acción de gracias si llegaba a casa con vida.

Las Azores

El lunes 18 de febrero, Colón llegó a la isla de Santa María, en las Azores. Varios marineros descubrieron por los habitantes que había un santuario, así que lo visitaron para dar gracias. Sin embargo, sin previo aviso, varios hombres armados agarraron a los marineros y los detuvieron. Luego se acercaron a la *Niña* y exigieron subir a bordo, pero los marineros se negaron rotundamente. Los hombres representaban a João Castenheira, el gobernador de la isla, que acusaba a Colón de no haber obtenido el permiso oficial para desembarcar allí.

Colón les dijo que tenía pruebas escritas del rey y la reina de España, junto con cartas de recomendación de otros dignatarios. Añadió que llevaba el título de "Almirante del Mar Océano", pero, por supuesto, ellos nunca habían oído hablar de ese título. No sabían quién era Colón, ni les importaba. Él y los guardias armados permanecían en sus respectivas cubiertas, gritando de un lado a otro en medio del estruendo de las olas. Colón exigió la liberación de sus hombres retenidos en tierra.

Los guardias interrogaron largamente a los hombres, tratando de arrancarles confesiones de piratería. Como no pudieron arrestar a Colón, dejaron que los hombres regresaran a la *Niña*.

Tras este desafortunado incidente, Colón llegó a la conclusión de que las relaciones entre Portugal y España se habían deteriorado. No había dudas sobre la nacionalidad de los hombres de Colón debido a su vestimenta y dialecto.

Salió de ese puerto y encontró un puerto más pequeño, el de San Miguel, donde pudo hacer algunas reparaciones y llenar sus barriles de lastre. Era el 21 de febrero. Un día, varios hombres se acercaron a la *Niña*. Cinco decían ser marineros, otro decía ser notario y el último un sacerdote. Colón los trató con cortesía y les mostró sus documentos, pero nunca se hizo accesible, para que no lo arrestaran. Colón abandonó entonces el puerto y navegó hacia el norte. Pensaba ir directamente a España, pero otra tormenta le retrasó y se vio obligado a atracar en Lisboa (Portugal).

Los lugareños le dijeron que se habían perdido muchos barcos en la tormenta. Colón envió entonces una carta al rey Juan II de Portugal. El 5 de marzo se reunieron en el albergue Vale do Paraíso, al norte de Lisboa. Fue un encuentro cordial, pero bastante rebuscado. Colón estaba en lo cierto al suponer que las relaciones entre Lisboa y España no eran amistosas en ese momento. El rey informó a Colón de que había roto el Tratado de Alcáçovas, firmado en 1479, por el que España se comprometía a no colonizar ninguna isla de la costa oriental de África, excepto las islas Canarias, que España controlaba. Colón insistió en que no había violado el tratado.

La recepción del pueblo

Una vez que la noticia del extraordinario viaje de Colón llegó a los marineros en tierra, la noticia se difundió rápidamente. Una multitud se reunió junto a su barco con vítores, trompetas y tambores. Colón sacó a algunos de los nativos que llevaba a bordo, con sus plumas y caras pintadas. Agentes y sacerdotes salieron a saludar a los hombres.

El rey vuelve a recibir a Colón

Por fin, Colón fue recibido como es debido por el rey Juan II. Celebraron juntos una misa, y el rey se ofreció a darle cualquier suministro o ayuda que necesitara en su viaje de vuelta a España. Le asignó un piloto para que le ayudara, junto con una mula, y algunas cartas destinadas al rey Fernando de España. Colón preguntó por la reina Isabel de Castilla, y esta se reunió amablemente con él. Bartolomé Días, el explorador portugués que había navegado alrededor de África y de vuelta a Portugal en 1488, se reunió con Colón, y compartieron historias sobre sus aventuras.

Enfermedad

Colón enfermó al final de su primer viaje. Por lo que los historiadores pueden deducir de los documentos antiguos, supuestamente sufría de gota, una dolorosa inflamación causada por la acumulación de ácido úrico en el cuerpo. Sin embargo, otros investigadores afirman que padecía una enfermedad conocida como artritis reactiva. Ambas enfermedades son crónicas y, sin duda, le afectaron el resto de su vida.

Llegada a España

Colón se reunió con los reyes de España, Fernando e Isabel, el 15 de marzo de 1493 en Barcelona. Le agasajaron a él y a sus hombres, y hubo desfiles en las calles con bandas y estandartes.

Colón mostró a los soberanos muestras de lo que él y sus hombres habían recogido. Entre ellas, había chile, pepitas de oro, algodón y la piel de la serpiente que había matado en una de las islas. También tenía ruibarbo, canela cruda, joyas de oro que llevaban los taínos y la máscara de oro del rey nativo. Habló muy bien de La Española, diciendo que había «montañas y colinas, llanuras y pastos que son fértiles» y se refirió a la idea de que había mucho más oro para futuras exploraciones. De hecho, La Española se convirtió en un lugar para futuras minas de oro, pero la recompensa que habían visto hasta entonces no era tan espectacular como él había descrito.

Colón sugirió que empezaran con varios miles de colonos extrayendo oro y enviándolo a España, enviando otras mercancías a Europa y construyendo iglesias para convertir a los llamados indios. El rey y la reina le dijeron que «tratara a los indios muy bien y con cariño y se abstuviera de hacerles ningún daño».

El Tratado del Descontento

Durante el siglo XV, los papas católicos ostentaban el poder temporal porque había muchos países en Europa en los que el catolicismo era la religión del Estado, entre ellos España y Portugal. Esto significaba que España estaba obligada a hacer proselitismo y llevar el cristianismo a la tierra que Colón había descubierto. Cuando había problemas internacionales, los países europeos solían dirigirse al papa para resolverlos.

Tras la llegada de Colón, el papa Alejandro VI emitió una orden que establecía una línea de demarcación norte-sur a través del Atlántico, indicando que las tierras situadas al oeste de la línea estaban abiertas a la colonización española, mientras que las tierras al este de la línea eran propiedad de Portugal. Esto se conoce como el Tratado de Tordesillas, y se firmó en 1494. A pesar de la firma del tratado, Portugal lo impugnó y la posición de la línea se modificó en 1500 cuando el explorador portugués Pedro Cabral desembarcó en Sudamérica, en lo que hoy es Brasil. La reclamó para Portugal.

El Tratado de Tordesillas siempre se ha mencionado en los desacuerdos sobre las tierras colonizadas después de 1493. Sin embargo, aparte de los casos relativos a las fronteras, el tratado fue ignorado en su mayor parte.

Grandes expectativas

La noticia de los descubrimientos de Colón corrió por toda Europa. Aunque Colón no había descubierto el tesoro del Lejano Oriente, España y Portugal ansiaban la riqueza que podrían cosechar con la colonización. Hubo intrigas y planes cuidadosamente elaborados para ser la primera nación en establecerse allí. Las escasas muestras que Colón había llevado a los reyes Fernando e Isabel solo sirvieron para despertar su apetito de poder y posesiones imaginadas en el Nuevo Mundo. Así, Colón recibió el encargo de volver al Nuevo Mundo.

Capítulo 4 - El segundo viaje

El sistema de tributos

Durante el verano de 1493, España construyó y equipó catorce carabelas y tres barcas, incluida la *Niña*. Cada una de ellas tenía un bajo calado (quilla más corta) para navegar por los ríos de La Española. Dos mil personas, en su mayoría voluntarios, iban a acompañar a Colón. Muchos de ellos eran jóvenes adinerados en busca de aventuras, pero no estaban acostumbrados al trabajo duro. Colón no contaba con una dotación completa de artesanos y agricultores, que habrían sido más útiles. La mayoría de los barcos llevaban más de cien pasajeros cada uno, destinados a ser la base de los asentamientos españoles.

El sistema de tributos

España planeaba crear una especie de imperio en las Indias. Los pasajeros que partían con Cristóbal Colón debían producir una cantidad determinada de oro o bienes que pudieran ser enviados a España. Utilizarían a los nativos para ayudarles y, a cambio, los nativos podrían repartirse los beneficios entre ellos. Por su tributo, la población indígena debía aportar veinticinco libras de oro o algodón.

Entre los pasajeros de Colón estaban Alonso de Ojeda, Pedro Mártir, Pedro Margarit, Fray Bernardo Boyl, Michele da Cuneo, Ponce de León y Pedro de Las Casas. Michele da Cuneo era un amigo de la infancia de Colón de Savona, Italia. Alonso de Ojeda era el hermano del gran inquisidor de España, que conocía las técnicas de investigación. Fray Boyl era un representante papal; Ponce de León era un explorador que luego descubrió Florida; Pedro Las Casas y Pedro Mártir eran cronistas.

Además de alimentos y provisiones de larga duración, a Colón se le confiaron semillas de vegetales para plantar en la isla de La Española. También se llevó un surtido de animales domésticos y equipo agrícola.

En 1493, Colón partió de Cádiz, España. Los vientos alisios fueron favorables en este viaje, y Colón solo tuvo que enfrentarse a un huracán. Desembarcó inicialmente en las islas caribeñas de las Antillas, también llamadas islas de barlovento y sotavento. Las islas de barlovento eran las favorables a los vientos alisios cuando iban de este a oeste, mientras que las de sotavento eran las que soportaban los vientos alisios que soplaban en sentido contrario.

La mayoría de las islas que visitó Colón en esta ocasión eran diferentes a las que registró durante su primer viaje. A estas islas les puso nombres, y muchas llevan los mismos hoy en día: Montserrat, Antigua, Redonda, Nieves, Guadalupe, Dominica, San Cristóbal y las Islas Vírgenes.

Caníbales de Dominica

Al sureste de la isla de Guadalupe había una isla a la que llamó "Dominica". Él y sus hombres encontraron pruebas de que los indígenas de allí eran caníbales: cráneos humanos y fragmentos de huesos humanos desparramados. Los nativos de Guadalupe salieron a saludar a los marineros, pero con mucha precaución. Colón informó de que eran étnicamente similares a los que había visto antes. Más tarde descubrió que los caribes, que poblaban Dominica, capturaban hombres de la tribu arawak y consumían su carne. No consumían a las mujeres, sino que las utilizaban como concubinas, y los niños se utilizaban como mano de obra hasta que alcanzaban la mayoría de edad, momento en el que se los comían. Los caribes consiguieron erradicar a la mayor parte de los arawak mediante el canibalismo o los matrimonios mixtos. Entonces se dirigieron a las islas vecinas.

Puerto Rico

A su llegada al actual Puerto Rico, Colón lo bautizó como "San Juan Bautista" en honor a San Juan Bautista, un santo católico. La población puertorriqueña estaba formada en su mayoría por la tribu de los taínos, que Colón había conocido en La Española durante su primer viaje. Llevaban miles de años poblando la isla y la llamaban "Borinquen". Colón encontró a los taínos dedicados pacíficamente a la agricultura.

Es interesante observar que los taínos cultivaban la raíz de la yuca, una hortaliza feculenta con un alto nivel de carbohidratos, así como piñas y batatas. El marisco les proporcionaba proteínas, pero su dieta se limitaba a estos cultivos.

Cuba

Colón exploró Cuba más a fondo esta vez, centrándose en la costa sur, entrando y saliendo de sus numerosos cabos. En una ocasión, envió a Alonso de Ojeda con otros quince hombres a explorar la tierra en busca de oro. A su regreso, informaron de que no habían encontrado ningún yacimiento, pero muchos de los nativos buscaron oro en los arroyos y encontraron algunas pepitas.

Aunque los exploradores estaban satisfechos con este hallazgo, habían soñado con encontrar una gran cantidad de oro. Se sintieron decepcionados cuando se dieron cuenta de que la extracción de oro sería laboriosa y costosa.

En julio de 1493, hacia el final de la exploración de Cuba, Colón escribió sobre una violenta tormenta cerca del cabo Cruz que fue «tan repentina, violenta y con tal aguacero que la cubierta quedó bajo el agua». Los marineros tuvieron que atender las bombas durante casi cuatro días para evitar que el barco se hundiera. También informó de que las raciones eran escasas, e incluso las galletas que llevaban estaban podridas. Cuando finalmente pasó la tormenta, Colón visitó la isla de Jamaica.

Jamaica

En Jamaica, Colón fue recibido por los aldeanos que gritaban "Almirante". La noticia de Colón se había extendido por las Indias, y la mayoría de los isleños lo conocían. La mayoría estaban desnudos, pero su rey llevaba adornos de oro de una aleación llamada *guanín*.

A lo lejos se alzaban las montañas Azules que, efectivamente, parecían azules, como describió Colón. Además, había muchas especies de pájaros que nunca había visto antes. A continuación, estaba ansioso por volver a La Española para visitar el asentamiento que había fundado durante su primer viaje.

La Española

El 22 de noviembre de 1493, Colón visitó La Española y se sintió profundamente afligido por lo que vio. El fuerte que había construido en La Navidad había sido destruido. Cuando él y su tripulación investigaron, encontraron huesos humanos y los cuerpos de once de los treinta y nueve colonos españoles que había dejado para colonizar la zona.

No sospechó de Guacanagarí, de quien se había hecho amigo en su primer viaje, pero intuyó que podían haber sido los caribes. Más tarde descubrió que no habían sido los caribes los culpables, sino otro cacique de la tribu nativa de los taínos.

También había pruebas sustanciales de muchas guerras en la isla. Las granjas que habían plantado los hombres habían sido descuidadas, los nativos que encontró parecían estar hambrientos y enfermos, y muchas de sus aldeas estaban desiertas.

Colón envió un grupo de hombres a explorar las regiones más boscosas del interior de la isla. Cuando regresaron, informaron de que había muy poca tierra apta para la agricultura.

El hermano de Cristóbal, Bartolomé, había recibido financiación para viajar al Nuevo Mundo y llegó a La Española en 1494. Bartolomé fue nombrado *adelantado*, un gobernador mayor. Bartolomé fundó entonces la ciudad de Santo Domingo, que posteriormente se convirtió en su capital.

Enfermedad

Antes de llegar a la ciudad de La Isabela, en La Española, Colón enfermó. Su hijo Fernando, cuando escribió la biografía de Colón más tarde, escribió que estaba tan enfermo que estaba prácticamente en coma: «Tenía mucha fiebre y somnolencia, de modo que perdió la vista, la memoria y los demás sentidos». Después de su traumática experiencia en La Española, Colón estaba abrumado y tenía problemas para dormir.

Sin embargo, Colón era un hombre duro y decidido, y su pasión por ser el "Almirante del Océano" era más fuerte que su estado físico. Tenía entonces unos cuarenta y dos años y, según sus propias palabras, admitió: «Atribuyo mi malestar a las excesivas fatigas y peligros de este viaje: más de 27 años consecutivos en el mar han pasado factura».

Isabela

En la ciudad de La Isabela, en La Española, Colón seguía delicado, por lo que descansó allí antes de continuar. Entonces escribió una carta a la reina Isabel de España sugiriendo que los españoles esclavizaran a parte de la población nativa —los arawak— para cultivar y extraer oro.

Aunque la reina se negó firmemente, Colón se dio cuenta de que no había cumplido con los tributos esperados, así que cargó sus barcos con 560 esclavos arahuacos para enviarlos de vuelta a España. Sucedió que 200 de ellos murieron en el viaje de vuelta. Tras la llegada de los más sanos, la reina dispuso el envío de estos pobres desafortunados a las Indias.

Mientras se recuperaba, Colón hizo que sus hombres construyeran una fortaleza llamada Santo Tomás y la pusieron bajo el mando de Pedro Margarit, uno de sus pasajeros en el viaje. Al cabo de menos de un año, fray Bernardo Boyl acudió a Colón para quejarse de Margarit, diciendo que era cruel y abusivo. Le dijo a Colón que algunos de los nativos se habían rebelado contra Margarit y sus hombres. El hijo de Colón lo verificó cuando escribió que los colonos andaban «infligiéndoles tantas heridas que los indios resolvieron vengarse».

Margarit se marcha

Cuando Margarit descubrió que Fray Boyl había hecho acusaciones contra él, se confabuló para disiparlas. Sin embargo, fracasó, y mucha gente se dio cuenta de su reputación. En 1495, Margarit reunió una tripulación, y llevaron uno de los barcos de vuelta a España. Margarit dejó a más de trescientos de los pasajeros iniciales con los que viajó en la ciudad de Vega Real, en La Española. Más tarde se supo que estos hombres se aprovecharon de los nativos, secuestraron a sus mujeres y obligaron a los taínos a ser esclavos, quienes no esperaban este deplorable comportamiento.

Partida de Cristóbal Colón

Otros colonos españoles que se habían establecido allí también estaban descontentos con Colón y con las condiciones generales del lugar. Colón sabía que debía volver con mucho más oro del que tenía, así que buscó la manera de compensar el déficit. Fue entonces cuando decidió crear un comercio de esclavos. En Sevilla, España, habría un mercado de esclavos listo. El amigo de la infancia de Colón, Michele da Cuneo, quedó horrorizado y muy desilusionado. En su diario, da Cuneo decía: «Los nativos intentaban escapar de nosotros, por lo que a veces dejaban a sus hijos en cualquier lugar del suelo y emprendían la huida como desesperados».

En Beata, una pequeña isla cercana, Colón fue recibido por nativos armados con arcos con flechas envenenadas, y le dijeron que habían capturado a algunos de sus hombres. Colón consiguió calmarlos y convencerlos, con regalos, de que liberaran a los hombres. Sin embargo, los sentimientos amargos crecieron. Cada vez más nativos se volvieron contra los colonos españoles. Los atacaron, matando a algunos y obligando al resto a volver a sus barcos.

El rey Guacanagarí, del que Colón se había hecho amigo en su primer viaje, fue leal a Colón y luchó contra los nativos que mataban a los colonos españoles. Entonces, él y Colón reunieron una fuerza de leales españoles y se enfrentaron a los hostiles en las afueras de La Isabela. Los hombres de Colón y Guacanagarí atacaron a los nativos hostiles con ballestas, y los rebeldes se vieron obligados a retirarse a la selva.

Colón era un hombre al que se obedecía por miedo, no por admiración. La mayoría de los capitanes contaban con tripulaciones presionadas y aprendieron a utilizar una voz autoritaria cuando hablaban. Los colonos también se dieron cuenta de que Colón había exagerado sus afirmaciones sobre las riquezas del Nuevo Mundo, que es la perdición de los comerciantes, y Colón era un comerciante de su tiempo. Michele da Cuneo, junto con otros muchos colonos descontentos, exigió a Colón que los llevara de vuelta a España. Como también se estaba quedando sin provisiones, Colón decidió volver a España, junto con los que querían volver a casa.

Francisco Roldán quedó entonces a cargo de La Isabela, mientras Cristóbal se preparaba para el viaje de vuelta a casa. En 1496, Cristóbal Colón regresó a España.

Capítulo 5 - Tercer viaje: Reina el caos

En 1498, los reyes Fernando e Isabel encargaron a Colón que viajara a una tierra firme de la que habían oído hablar al rey Juan II de Portugal. Supuestamente, se encontraba al suroeste de las islas de Cabo Verde, situadas a unas cuatrocientas millas de la costa de África occidental.

En 1498, Colón partió de Sanlúcar (España) con seis barcos. Colón envió tres de sus naves directamente a La Española con los tan esperados suministros, mientras seguía hacia el sur, hacia el continente del que había hablado el rey Juan II. Este continente era América del Sur, pero los exploradores no conocían entonces las Américas.

Cuando Colón había explorado Cuba en su primer y segundo viaje, especuló que Cuba debía ser la China continental. Sin embargo, la isla no coincidía con algunas de las descripciones que había leído, así que, en realidad, probablemente no estaba seguro. Cuando divisó La Española, pensó que la isla podría ser Japón.

Viajando hacia el sur, desembarcó en la isla de Trinidad. Allí se encontró con unos nativos en sus largas y estrechas canoas. Al detenerse allí, los marineros descubrieron perlas, que recogieron para llevarlas a España.

¿India?

Durante este viaje, Colón descubrió la costa de Sudamérica (la actual Venezuela) cerca de la desembocadura del enorme río Orinoco. Observó que se trataba de un río de agua dulce. Por ello, los exploradores llamaron a esta tierra "Terra Firma", o "tierra firme". Muchos exploradores especularon que al oeste de Cuba podría haber un estrecho que condujera al océano Índico, pero Colón no creía que fuera el Orinoco, ya que el agua era dulce, no salada. Conoció a algunos de los habitantes de la isla, que estaban un poco más avanzados que los taínos que había conocido en las islas. Sin embargo, no tenían oro ni las ricas especias que los europeos sabían que venían de la India, por lo que "Terra Firma" no era la India.

Sin embargo, no expuso esta opinión después del viaje, porque tenía asuntos más urgentes que atender. Estaba muy ansioso por volver a La Española después de enterarse de que se habían producido levantamientos y rebeliones, incluida una dirigida por Francisco Roldán, a quien había dejado al mando junto con Bartolomé.

La rebelión de Roldán

Cuando Colón llegó a La Española, su hermano estaba en Xaragua (Jaragua), tratando de lidiar con Roldán. Desde que llegó a La Española, Roldán ansiaba el control de toda la isla y de todas las demás islas de las Indias Occidentales que pudiera controlar. En ausencia de Colón, conspiró para deshacerse de Bartolomé y Diego (también conocido como Giacomo). Roldán manipuló a sus partidarios prometiéndoles repartir la riqueza de la isla con ellos si tomaban la carabela y regresaban a España para decirle al rey Fernando que Bartolomé estaba maltratando a los indígenas. Roldán recordó a sus seguidores que Colón, Diego y Bartolomé obligaron a los nativos de la isla a levantar fortines bajo un calor agobiante y los castigaron frecuentemente con fuertes azotes. Diego se vio obligado a esconderse para que los partidarios de Roldán no lo capturaran.

En realidad, las condiciones en La Española habían oscilado entre épocas de abundancia y épocas de gran necesidad. El clima era impredecible y los colonos no siempre podían encontrar suficiente agua dulce. En ocasiones, las cosechas de los colonos habían fracasado, provocando hambre y enfermedades. La mayoría de estos colonos habían llegado a las Indias con la esperanza de hacerse ricos, pero se llevaron una gran decepción.

Uno de los pasajeros de Colón, Pedro de Las Casas, escribió que, tras el segundo viaje de Colón, Roldán recomendó que cada colono «tuviera la mujer que quisiera, arrebatada a sus maridos, o las hijas a sus padres, a la fuerza o de buena gana, para usarlas como camareras, lavanderas y cocineras, y tantos hombres indios como consideraran necesarios para servirles».

Roldán se refugió en el fuerte de Santo Tomás, a la espera de los suministros que debían llegar desde España. Mientras esperaba, se alió con dos caciques nativos que aceptaron apoyarle.

Cuando llegó Bartolomé, se reunió con Roldán para negociar. Roldán exigió el uso de uno de los barcos para volver a España. Bartolomé accedió, pero Roldán no disponía de marineros experimentados, por lo que se retrasó.

Llegada de los barcos de Colón

Los barcos de Cristóbal Colón llegaron con provisiones mientras estaba en Sudamérica. El capitán Sánchez de Carvajal se reunió con Bartolomé Colón, quien le informó de la situación con Francisco Roldán. De Carvajal y Bartolomé intentaron negociar con Roldán, pero no tuvieron éxito.

El propio Cristóbal llegó en 1498. Le dijeron que la situación era tan grave que La Española estaba casi en estado de anarquía. Al darse cuenta de que había un gran número de rebeldes, Colón reconoció que la única solución pacífica sería permitir que Roldán y sus partidarios regresaran a España con una tripulación experimentada o, la alternativa, trasladar a él y sus seguidores a otra zona de la isla. Por ello, Colón ordenó a cinco barcos que aceptaran a los pasajeros españoles y los transportaran de vuelta a España.

El 16 de noviembre de 1498, Roldán y Cristóbal firmaron un acuerdo para utilizar dos barcos tripulados por marineros españoles para regresar a España. Además, Colón se vio obligado a concederle el perdón y a elogiar a Roldán por sus servicios en La Española.

Como algunos de los rebeldes se encontraban en la ciudad de Jaragua, el capitán de Carvajal se detuvo allí primero para ayudar a los hombres de Roldán y sus familias a organizar sus pertenencias y hacer los preparativos para partir. No fue hasta enero de 1499 cuando partieron hacia España.

En uno de esos barcos, Colón incluyó un paquete de cartas dirigidas al rey y a la reina. Una de las cartas, escrita por Fernando Colón, hablaba del «daño que (los rebeldes) habían hecho y seguían haciendo en la isla». También añadía que Roldán y sus partidarios saqueaban las aldeas de los nativos y mataban a quien querían.

Encarcelamiento

En 1500, el rey Fernando envió a Francisco de Bobadilla para que investigara todas las acusaciones sobre Cristóbal Colón, Diego (también conocido como Giacomo) y Bartolomé. En cuanto los barcos de Bobadilla aparecieron, se encontraron con la visión de dos cadáveres colgados de una horca. De Bobadilla fue informado de que estos colonos españoles habían sido condenados a muerte por rebelión. Bartolomé se encontraba en ese momento en la ciudad de Jaragua, preparándose para ejecutar a más hombres. Las órdenes de Bobadilla eran claras. Debía detener a los culpables, confiscar sus bienes y devolverlos a España para ser juzgados.

Cristóbal, Diego y Bartolomé fueron enviados de vuelta a España con grilletes a bordo de la carabela *La Gorda* y encarcelados por cargos de mala administración. Gran parte de los testimonios presentados en el tribunal fueron muy prejuiciosos, pero no todos. Entre los testigos se encontraba un antiguo colono que informó de que Colón había ordenado cortar la nariz y las orejas a un infractor, mientras que otro recibió cien latigazos por no proporcionar a Colón alimentos para su despensa. Otros declararon que había negado la comida a la gente que tenía hambre y que era un severo capataz. Los historiadores indican, sin embargo, que estas personas podrían estar predispuestas por el hecho de no haber regresado a casa con las riquezas que esperaban.

Fray Boyl y Michele da Cuneo habían sido testigos del maltrato a la población indígena, incluyendo palizas y mutilaciones punitivas realizadas en sus cuerpos. Sin duda, se sintieron avergonzados de que tales atrocidades fueran perpetradas por quienes se decían cristianos.

Ellos y los demás colonos no dijeron prácticamente nada sobre cómo ellos mismos intentaron obligar a los nativos a trabajar en sus minas de oro y campos de algodón. Los nativos no estaban tan interesados en el oro porque era más importante para ellos trabajar en sus granjas y cuidar de sus animales. A los colonos les extrañaba que no pudieran obtener de los nativos de La Española el mismo tipo de cooperación que recibían de los plebeyos en su país. Los nativos eran más prácticos y tenían herramientas menos avanzadas. Los españoles consideraban a los nativos como bárbaros, y los nativos consideraban a los europeos como opresores.

Colón se vio impulsado por su propia desesperación para demostrar que había llegado a China, Japón y la India. También estaba sometido a una gran presión para regresar con los valiosos tributos que él y los demás colonos habían prometido a la Corona, pero estaba claro que exageró su "producto".

Cuando Colón trató de racionalizar la insatisfactoria recompensa del Nuevo Mundo, llegó a creer que los nativos eran tercos y perezosos. En un momento dado, dijo a los soberanos: «Para impedir mi búsqueda de oro, los indios pusieron todos los obstáculos que pudieron». Más tarde modificó sus palabras diciendo que los indios debían «volver a sus plantaciones porque se morían de hambre y a un ritmo increíble». Colón no se dio cuenta de que no morían de hambre, sino porque carecían de inmunidad a las enfermedades europeas.

Con el tiempo, Colón se dio cuenta de que algunas de las críticas vertidas contra él eran ciertas y confesó muchas de las ofensas, pero no todas. Pidió entonces clemencia y rogó a los soberanos que le devolvieran sus riquezas para que sus herederos tuvieran lo suficiente para mantenerse.

El rey y la reina se dieron cuenta de que ninguno de los hermanos Colón era un buen administrador y que muchas de las críticas que habían escuchado eran prejuiciosas. Decidieron que Colón no volvería a ser gobernador de La Española. En 1502, Colón fue sustituido por Nicolás de Ovando.

Sin embargo, como los reyes reconocieron la contribución de Colón, liberaron a los tres después de seis semanas. También se encargaron de devolver los bienes que Bobadilla había confiscado a Cristóbal.

Ejecución de la reina de las Flores de Oro

Desgraciadamente, de Ovando también era un administrador muy malo. A su llegada, convocó una asamblea de los caciques taínos para reunirse con él, aparentemente con la intención de establecer una relación. Esto era una invención. De Ovando quería eliminar cualquier posible disensión durante su administración, por lo que planeó matar a los líderes.

Una de ellas era la reina Anacaona. Fue venerada por su pueblo como poeta y escritora de baladas. Aún hoy, sus imágenes aparecen en muchos retratos y pinturas sobre la historia de Haití.

La reina Anacaona era la jefa de la tribu de Jaragua, en el actual oeste de Haití. Su hermano, Bohechio, también cacique, se había rebelado contra los colonos españoles que llegaron por primera vez a sus tierras en 1495 y fue asesinado por un soldado español cuando se opuso a pagar tributo a España. Sin embargo, Anacaona estaba más interesada en hacer las paces con estos extranjeros, al igual que todos los demás líderes que acudieron a reunirse con este nuevo gobernador.

Se reunió con De Ovando, así como con otros ochenta líderes taínos. De Ovando les invitó a entrar en un edificio de asambleas.

De Ovando era un hombre desconfiado y un conocido misógino. Creía que esta hermosa mujer había sido enviada por los nativos para seducir a los hombres y obligarlos a someterse a ella. De Ovando se la llevó, junto con los rebeldes conocidos, y les hizo quedarse fuera de la casa de reuniones mientras sus hombres prendían fuego al edificio, matando a todos los que estaban dentro. A continuación, obligó a los hombres a prestar falso testimonio contra Anacaona y luego la condenó a la horca. El resto de los líderes nativos también fueron torturados y asesinados.

La historia de Anacaona se ha ido adornando desde entonces, y se convirtió en una leyenda entre los caribeños como alguien que defendía los derechos de su pueblo.

Capítulo 6 - El último viaje

El "istmo de Darién"

Cuando Colón leyó sobre la expedición de Pedro Álvares Cabral en 1500, observó que Cabral había navegado hacia el sureste desde Portugal a través del Atlántico Sur y había desembarcado en Porto Seguro, en Brasil. Sus compañeros exploradores especularon entonces que, si se navegaba hacia el suroeste desde Portugal, habría una masa de tierra —un istmo— a través de la cual habría un estrecho que llevaría al océano Índico y a la India. En aquella época nadie conocía el océano Pacífico. Este supuesto "istmo" no es un istmo, sino un segmento de tierra llamado el Tapón de Darién, situado parcialmente en la provincia de Darién en Panamá.

Durante su primer viaje, Colón había confundido Cuba con China, y luego supuso que había una masa de tierra al suroeste, y que tal vez era el istmo de Darién. Durante su tercer viaje, Colón había navegado hacia el suroeste. La tierra que vio parecía más grande que un istmo, y el río Orinoco tenía agua dulce.

En mayo de 1502, Colón fue enviado a buscar este estrecho que supuestamente cortaba un imaginario istmo. Tenía a su disposición cuatro naves marítimas: la *Capitana*, la *Gallega*, la *Vizcaína* y la *Santiago de Palos*.

La Española

Antes de buscar el istmo, Colón quiso cambiar la *Santiago de Palos* por otra embarcación porque era torpe y lenta, así que se detuvo en La Española. Al acercarse a la costa, notificó al nuevo gobernador de la isla, Nicolás de Ovando, la posibilidad de un intercambio. Sin embargo, De Ovando albergaba sentimientos negativos hacia Colón y le hizo anclar en una ría más pequeña cercana. También se negó a proporcionar a Colón otro barco, aunque tenía uno disponible.

Cuando Colón llegó al cuartel general del gobernador, de Ovando estaba preparando el envío de veintiocho barcos a España. Como era un marino veterano, Colón advirtió a de Ovando de que se acercaba una tormenta con la que había topado en su camino a La Española. El gobernador hizo caso omiso de la advertencia y envió las veintiocho naves. La tormenta se convirtió en un enorme huracán y De Ovando perdió veinticinco de los veintiocho barcos que envió a España. El famoso rebelde Roldán y el investigador de Colón, Francisco de Bobadilla, estaban a bordo de uno de los barcos y se perdieron en la tormenta, junto con el oro que llevaban. Se difundió el rumor que la mayor parte del oro había sido robado a los nativos.

Jamaica

En julio, Colón se detuvo brevemente en la isla que ahora se llama Jamaica. La gente que encontró allí le pareció familiar. Efectivamente, eran las tribus arawak/taíno que había conocido en San Salvador y en las islas Antillas en esta primera visita.

Honduras

A continuación, se dirigió a Guanaja, una isla situada frente a la costa de Honduras, en América Central, habitada por los payaneses, un pueblo seminómada que cazaba y pescaba. También cultivaban yuca, maíz y frijoles. En la isla había una gran cantidad de animales, como jabalíes, pavos, monos y ciervos. A diferencia de los taínos que había conocido en las islas del Caribe, esta gente llevaba algo de ropa, aunque era escasa. Colón exploró entonces la península de Yucatán, la actual Costa Rica, Nicaragua y Panamá.

En Honduras, la tripulación de Colón conoció a un hombre que sabía algo de su lengua y se ofreció a acompañarlos en sus expediciones locales como intérprete. Los hondureños quedaron encantados y le recompensaron con numerosas baratijas y telas de colores.

Varias tormentas se desataron inesperadamente en la región, y arreciaron de forma intermitente durante dos meses. Las tormentas eran tan intensas que asustaban incluso a los marineros más experimentados. Las velas se rasgaron y los daños en sus barcos fueron graves. «He visto muchas tempestades —escribió Colón—, pero ninguna tan violenta y de tan larga duración». Durante su estancia en Costa Rica, se produjo un desafortunado incidente. Colón había enviado a algunos hombres en un bote para buscar comida a lo largo de un río cuando otra tormenta tropical se desató sin previo aviso. El agua subió repentinamente como un muro y engulló la embarcación, matando a dos hombres.

Cristóbal Colón estaba enfermo durante este viaje y pasó gran parte del tiempo en su camarote en la bahía de Panamá, donde estaban anclados. A pesar de ello, vigiló de cerca el mar y el tiempo y dio instrucciones a su tripulación.

Crisis en Panamá

Colón envió a Bartolomé en una de las carabelas para registrar la zona. Panamá estaba poblada por el pueblo ngäbe, y Bartolomé conoció a uno de sus jefes tribales, "El Quibían". El Quibían era muy amable y llevaba muchas joyas de oro, lo que despertó el interés de Bartolomé.

Mientras exploraba la costa, Bartolomé vio un gran río que atravesaba la zona. Era entonces la fiesta cristiana de la Epifanía, por lo que lo llamó "Río Belén". Los nombres nativos de los ríos son el Yebra y el Quiebra.

El jefe le prohibió firmemente a Bartolomé ir más allá de cierto punto cerca de los ríos interiores, pero Bartolomé no hizo caso y siguió adelante. Allí encontró minas donde, sin duda, obtuvieron el oro que llevaba El Quibían.

Los españoles construyeron una fortaleza no lejos de la orilla, en la desembocadura del Belén. En una parte de la fortaleza, guardaban un almacén lleno de municiones. Luego construyeron algunas casas de paja y encargaron a algunos de los hombres la creación de una colonia funcional llamada "Santa María de Belén".

Mientras la tripulación terminaba los trabajos en el asentamiento, un tripulante llamado Diego Méndez y su intérprete recibieron la orden de seguir explorando. Atravesaron a hurtadillas la zona boscosa y llegaron a la aldea de El Quibían. En la aldea, observaron que había postes plantados cerca de la cabaña del jefe. En lo alto de cada poste estaba la cabeza de un enemigo muerto. Diego se estremeció. Mientras escuchaban, el intérprete oyó que los aldeanos estaban tramando atacar a Bartolomé y a la tripulación cerca de la orilla. Estaba claro que los ngäbe no querían que los extranjeros se instalaran allí.

Diego regresó y le contó a Bartolomé sobre el complot. Su intérprete le explicó entonces a Bartolomé que los nativos estaban, probablemente, enfadados por la construcción de la pequeña comunidad allí. Bartolomé entonces apostó guardias en la orilla y envió a Diego Méndez de vuelta a Cristóbal Colón para informarle.

Para evitar el ataque, Bartolomé hizo que su tripulación entrara en la aldea fuertemente armada. Entraron en la casa del jefe y lo ataron, junto con su familia y algunos otros guerreros. Al ver las armas que llevaban los españoles, los ngäbe opusieron poca resistencia, pero ofrecieron a los soldados españoles un "tesoro" como rescate por su rey. Esta oferta fue rechazada. Después, Bartolomé y sus hombres saquearon el pueblo en busca de objetos de valor que pudieran llevar a España.

Una vez de vuelta al río, la tripulación ató a El Quibían y a los demás cautivos a los bancos de su bote y se dirigió de nuevo hacia Bartolomé y su barco. Cuando se encontraban a cierta distancia de la orilla, el jefe se quejó de lo tensa que estaba la cuerda que le ataba. Un miembro compasivo de la tripulación la aflojó ligeramente. Sin embargo, en cuanto le dio la espalda, El Quibían se zafó de las cuerdas, saltó al agua y escapó. La tripulación lo persiguió, pero desapareció en la selva. Como el río estaba crecido por las excesivas lluvias, supusieron que el jefe se había ahogado.

En el barco, los prisioneros más fuertes consiguieron escapar por la escotilla de la bodega de carga. Atacaron a la tripulación y algunos murieron. Los cautivos nadaron hacia la costa, pero varios de ellos fueron capturados de nuevo y devueltos a la bodega. Por la mañana, cuando la tripulación comprobó el estado de los prisioneros, descubrió que todos se habían ahorcado con las cuerdas con las que estaban atados. Tal era la profundidad de su miedo a los españoles.

El Quibían, al que los españoles creían ahogado, sobrevivió y consiguió abrirse paso a través del espeso follaje de la selva y regresar a su pueblo. Al ver la destrucción y el robo que los españoles habían hecho a su pueblo, se puso furioso. Con la venganza en su corazón, junto con la grave pérdida de su familia secuestrada, El Quibían planeó eliminar la zona de los extranjeros.

Ataque a Santa María de Belén

Sin previo aviso, El Quibían y sus guerreros atacaron a los colonos españoles en Santa María de Belén. Lanzaron jabalinas a los hombres e hirieron a muchos de ellos antes de retirarse al bosque. Más tarde, ese mismo día, volvieron a atacar desde sus canoas, lanzando dardos y enviando flechas por toda la colonia. Muchos colonos resultaron heridos y algunos murieron. Los nativos siguieron atacando esporádicamente, pero los españoles sacaron sus armas y se defendieron con la fuerza del fuego. Temporalmente, funcionó.

Los colonos sabían que tenían que escapar, pero el tiempo se volvió en su contra y se vieron obligados a esconderse en la fortaleza para protegerse. Mientras los vientos aullaban y las aguas del río subían, les preocupaba profundamente quedarse sin municiones y sin comida. Finalmente, los vientos amainaron. Crearon un reducto improvisado cerca de la desembocadura del río y se prepararon para escapar de vuelta a la carabela.

Los nativos atacaron entonces su pequeña fortificación en la orilla. Diego Tristán, el capitán de una de las carabelas de Colón, fue asesinado allí por los nativos, junto con todos los hombres menos uno. Bartolomé y los marineros de la carabela se horrorizaron al ver sus cadáveres destrozados flotando en el río.

En el puerto de Panamá

Cristóbal Colón, en su barco más allá de la bahía, estaba lleno de ansiedad por su hermano y la tripulación porque no habían regresado en bastante tiempo. Rezó mucho por su seguridad y escribió una larga carta que pretendía llevar a casa al rey y a la reina. Como respuesta a la oración, parecía que los mares se calmaron. Sin embargo, seguía sin haber rastro de Bartolomé y el resto de los hombres. Entonces Cristóbal envió a Diego Méndez y ocho hombres a la zona para buscarlos.

Diego localizó a Bartolomé y a la tripulación en su carabela varada en los bancos de arena. Los gusanos del barco, llamados casualmente "termitas del mar", se habían comido gran parte de la madera del barco, y este ya no era apto para navegar. Diego cortó entonces algunas de las velas, unió dos canoas y creó una balsa improvisada. Con ella, rescataron a los acosados hombres y viajaron río abajo para reunirse con Cristóbal, quien se sintió aliviado de que su hermano siguiera vivo, pero muy angustiado al enterarse de la muerte de los demás a manos de la tribu guerrera.

Cristóbal y Bartolomé Colón y las carabelas restantes zarparon hacia La Española.

Varados en Jamaica

Frente a la costa de Cuba, se desató una tremenda tormenta. Cristóbal y sus hombres consiguieron desembarcar en Jamaica. Todas las naves que le quedaban a Colón también estaban infestadas de gusanos y, por lo tanto, no eran lo suficientemente aptas para un viaje a través del Atlántico. Colón quedó varado.

Los jamaicanos eran amistosos, así que Colón se sintió aliviado de no tener que lidiar con las hostilidades allí. Colón envió a Diego Méndez y a unos cuantos hombres en canoas para pedir ayuda al gobernador de Ovando en La Española.

De Ovando estaba ausente en ese momento, lidiando con insurrecciones y no regresó durante bastante tiempo. Cuando finalmente regresó, retrasó la ayuda a Colón debido al rencor que le guardaba.

Mientras tanto, Colón se quedaba sin provisiones. Por suerte, encontró una carta astronómica entre sus cosas. Cuando se dio cuenta de que podía predecir el próximo eclipse de luna, se lo comunicó a los nativos de Jamaica. Sabía que eran supersticiosos y que tal predicción les resultaría atractiva. Por ello, los nativos proporcionaron alimentos a Colón y a su tripulación.

Un año después de que Colón varara en Jamaica, de Ovando envió una carabela a Jamaica, y Cristóbal, Diego y Bartolomé partieron hacia España. Llegaron en junio de ese año.

El final de su viaje

Durante los años siguientes, Colón tuvo dolorosos ataques de sus enfermedades. Estaba satisfecho con sus logros, pero finalmente se enfrentó al hecho de que tenía limitaciones. En su lecho de muerte, escribió que había servido al rey y a la reina con lealtad y celo, pero añadió estas palabras: «Si he fracasado en algo, ha sido porque mis conocimientos y poderes no llegaron más lejos».

Murió el 20 de mayo de 1506.

Conclusión

La vida de Cristóbal Colón fue, en un sentido muy real, una tragedia. Como se ha visto en estas páginas, Cristóbal Colón luchó con la aceptación de sus propias debilidades y errores. Su vida se ha escrito en los libros de historia, pero nunca en los de motivación humana. Era un hombre impulsado, no por la ambición, sino por un propósito.

Colón tampoco aparece en los libros sobre publicidad y ventas, pero su vida es un ejemplo de uno de los vendedores más consumados de todos los tiempos. Fue un creador de tendencias antes de que hubiera creadores de tendencias. Tampoco aparece como un hombre culto, pero sabía más que los hombres cultos de su época. Cristóbal Colón no era un historiador consumado, pero en muchos aspectos reescribió la historia.

Vea más libros escritos por Captivating History

Bibliografía

"Anacaona: The Haitian Queen", Retrieved from https://www.thoughtco.com/the-third-voyage-of-christopher-columbus-2136701.

"Christopher Columbus: Fourth Voyage", Retrieved from http://www.christopher-columbus.eu/voyage-4.htm#:~:text=Christopher%20Columbus%20made%20a%20fourth,from%20the%20port%20of%20Cadiz.&text=At%20age%20fifty%2Done%2C%20Columbus,more%20voyage%20left%20in%20him.

Crosby, A. W. (1987). The Columbian Voyages, the Columbian Exchange, and Their Historians. American Historical Assoc.

Hale, E. E. The Life of Christopher Columbus.

Irving, W. The Life and Voyages of Christopher Columbus.

"The Third Voyage of Christopher Columbus", Retrieved from https://www.thoughtco.com/the-third-voyage-of-christopher-columbus-2136701.

"The Fourth Voyage of Christopher Columbus", Retrieved from https://www.thoughtco.com/fourth-new-world-voyage-christopher-columbus-2136698#before-the-journey.

Fuson, R. H. (1992). *The Log of Christopher Columbus*. International Marine Publishing.

Keegan, W. "The Native Peoples of Turks and Caicos", Retrieved from

https://www.floridamuseum.ufl.edu/caribarch/education/tc-peoples/.

"Narrative of the Third Voyage of Columbus as Contained in Las Casas' History" (2003). Wisconsin Historical Soc. Digital Library and Archives.

"Panama: Past and Present", Retrieved from

https://en.wikisource.org/wiki/Panama,_past_and_present/Chapter_2.

Morison, S. E. (1942). *Admiral of the Ocean Sea*. Little, Brown & Co.

Sale, K. (1991). The Conquest of Paradise: Christopher Columbus and the Columbian Legacy.

"The Voyages of Christopher Columbus", Retrieved from

https://www.americanjourneys.org/pdf/AJ-062.pdf.

Wey, N. (2008). The Tropics of Empire: Why Columbus Sailed South to the Indies. MIT Press.

Wilford, John Noble (1991). The Mysterious History of Columbus: An Exploration of the Man, the Myth, the Legacy. New York: Alfred A. Knopf.

Young, F. Christopher Columbus: Top Biography

"Speed under Sail of Ancient Ships", Retrieved from

http://penelope.uchicago.edu/Thayer/E/Journals/TAPA/82/.

www.ingramcontent.com/pod-product-compliance
Lightning Source LLC
LaVergne TN
LVHW042001060526
838200LV00041B/1812